嘘をつくなかれ。

大川隆法
Ryuho Okawa

まえがき

きょうは、例の中国武漢発のコロナウィルス感染が蔓延《まんえん》してきたので、東京都などの大都市に『緊急事態宣言』が出されるそうだ。マスコミでは『医療崩壊』などと大騒ぎだ。

だが、医療は崩壊などしていない。ワクチンなどの薬が開発できず、入院させても無駄《むだ》なのに、「患者」が殺到しているだけだ。つまり、検査以外、何もできないのに、治療行為をしているかの如《ごと》く、嘘をついているだけだ。政府や知事レベルも、一種の戦争ごっこをやっているかのようだ。つい二〜三年前、北朝鮮のミサイルが発射されては、サイレンが鳴って、避難をすすめられたのに似ている。コロナウィルスのおかげで、政治の闇は、雲散霧消《うんさんむしょう》である。真の敵は、唯物論・共産党ウィルスである。この嘘偽りに満ちたウィルスが地球をおおいつつある。

たまには神仏に祈ってはどうか。嘘つきの人類だらけで、地球がかわいそうである。

二〇二〇年　四月七日

幸福《こうふく》の科学《かがく》グループ創始者兼総裁《そうししゃけんそうさい》　大川隆法《おおかわりゅうほう》

嘘をつくなかれ。　目次

嘘《うそ》をつくなかれ。

二〇二〇年三月二十七日　説法《せっぽう》
幸福の科学 特別説法堂にて

2

勉強や学問に必要な「自分をごまかさない精神」　25

7 「結論」を間違《まちが》うと来世で苦労する　88

嘘《うそ》をつくなかれ。

二〇二〇年三月二十七日　説法《せっぽう》
幸福の科学　特別説法堂にて

1　「知的正直さ」が成長を促《うなが》す

「八正道《はっしょうどう》」のなかの「正語《しょうご》」が今回のテーマ

今日は、少し焦点《しょうてん》を絞《しぼ》りまして、「嘘《うそ》をつくなかれ。」ということに関しての話をしようかと思っています。

教学のほうから言うと、例えば、『太陽の法』の第2章には「真説《しんせつ》・八正道《はっしょうどう》」という節があり、「八正道には正見《しょうけん》・正思《しょうし》・正語《しょうご》・正業《しょうごう》・正命《しょうみょう》・正精進《しょうしょうじん》・正念《しょうねん》・正定《しょうじょう》の

『太陽の法』（幸福の科学出版刊）

八つがある」ということが書かれています。

これを全部話していると長くなるので、今日は全部については述べませんが、このなかの「正語」に当たるところが今回のテーマになります。

通常、八正道はこの順序で考えます。

「正しい見解」というか、「正しく見たか」「正しく観察をしたか」という「正見」から始まり、「正しい思いを抱《いだ》いたか」という「正思」になります。

次に、思いが正しければ言葉が正しくなるはずなので、「出た言葉は正しいか」という「正語」に行きます。

あとは、行動面で「正業」に、さらには、生活全体に行き、「正命」です。

それから、仏道修行《ぶつどうしゅぎょう》的な面も入れて「正精進」です。これは、「精進ができているかどうか」ということです。

そして、「正念」は、正しく願うこと、祈《いの》ること、未来を設計することです。最後に、「正定」では「定《じょう》に入《い》る」「瞑想《めいそう》に入《はい》る」という習慣をつくるわけですが、「その瞑想の状態が正しいかどうか」ということを点検します。

このようなことを行う「八正道」というものがありますが、難しいので、今日は全部の話はしません。

渡部昇一《わたなべしょういち》著の『知的生活の方法』に出ていた「知的正直」という言葉

ただ、「今回の私の悟《さと》りは意外に正語から始まった」というような話をしたことが、過去に何度かあるのではないかと思います。

「その根元《ねもと》は何か」について考えていたのですが、実践《じっせん》としては、「小・中・

高・大」と、だんだんに少しずつやってはいたのだと思います。

それを明確に認識したのは大学に入ったときで、渡部昇一《わたなべしょういち》先生の『知的生活の方法』を読み、そのなかに出てきた「知的正直」という言葉を、新鮮《しんせん》な感じでもって受け止めたのです。英語では「intellectual《インテレクチュアル》 honesty《オネスティ》」と言うのですが、「知的正直」という言葉があることを知りました。

もう少し難しく言えば、「知的廉直《れんちょく》」という言葉を使うこともあります。「廉直さ」という言葉は難しいので、現代ではあまり使いませんが、少し古めに言えば、そういうことになります。

「知的正直さ」よりも「結果」を重視すると、どうなるか

「知的正直さ」ということを、今、学生や、社会人になった方が聞いて、スッと分かりますでしょうか。どうでしょうか。意外に、なかなか難しいのではないかと思うところもあります。

「知的正直さ」よりも、むしろ「結果を重視する」、「結果がよければいいのではないか」、「成果がよければいいのではないか」という考えもあると思うのです。しかし、そういうことがどんどん高じていくと、例えば、カンニングのようなことにまで行く場合があります。

これについては、私も中学校のときに聞いたことがあります。

私より一学年上に、勉強がとてもよくできる女の子がいたのですが、その隣《となり》の席にいる男の子が試験の答えを盗《ぬす》み見させてもらい、それを写して書いたのです。学年で一番を取っていたような女の子の答案を写して書いたため、本来なら取れるはずがない点数が出ました。

ただ、先生のほうもさるもので、生徒の学力をだいたい知っていて、その男の子がそんなに高い点数を取れるわけがないことは分かるので、「おかしい」と思って締《し》め上げました。そして、「やっぱりカンニングをした」と分かり、その男の子は零《れい》点にされたのです。

そういうことを聞きました。実力で解けば零点にはならなかったのではないかと思いますが、「答えを写させてもらい、わざわざ零点を付けられる」ということがあると知って、「へえ、そんなものかな」と思ったことがあります。

「それはよくないことなのだ」と知らなくてはなりません。「結果がよければいい」と思う、このあたりが、「世の中をうまく生き渡《わた》っていきたい」と考えたり、犯罪者になったり、その中間ぐらいを生きたりするような人が行きやすい傾向《けいこう》でしょう。

手口が巧妙《こうみょう》になってくると、鉛筆《えんぴつ》のなかにカンニングペーパーを仕込《しこ》んだりする人も出てきますし、試験中、トイレに行ったふりをし、隠《かく》してあったものを見て答えを見つけたり、ケータイでほかのところに答えを問い合わせたり、いろいろと調べる方法はあるのかもしれません。

ただ、こういうことをして、ごまかせたら、よい成績を取ることはできるかもしれませんが、やはり、どこかでつまずきます。どこかで見つかることもあるでしょうし、「学校ではよい成績を取っても、入試では監督官《かんとくかん》がしっかり見ているのでごまかせない」ということもあるでしょう。

将棋《しょうぎ》等で「ごまかし」をする人は強くならない

そういうことは、伝聞《でんぶん》での体験として少しは知っていたのですが、大学に入ったときに読んだ『知的生活の方法』で、「知的正直さが大事なのだ」ということを渡部昇一先生が述べていて、次のような非常に分かりやすいたとえを書いていました。

小学校時代に、近所の子供たちの間で、将棋《しょうぎ》を指すのが流行《はや》ったときがあり、大勢でやっていたのだけれども、将棋が強くなったのは自分ともう一人ぐらいだけで、あとの子は強くならなかった。その理由は何か。

みんな子供だから、ちょっと目を離《はな》した隙《すき》に、自分に有利なように駒《こま》をサッと動かしたりして勝ちやすくする子がけっこういたが、そういう子はみんな残らず強くならなかった。

一方、自分ともう一人ぐらいの子だけは、ごまかさなかったので、どんどん強くなっていった。

そのようなことが非常に卑近《ひきん》な例として書いてありました。分かりやすすぎる例ですけれども、確かに、将棋でそういう「ごまかし」をやっている人が、それほど強くなるはずはないでしょう。

プロの将棋指しだと、対局時間が八時間や九時間など、けっこう長くなることがあり、席を外して一時間ぐらいいなかったりすることもあるので、その間に駒を動かされたりしたら、本当に大変でしょう。ただ、今は、見張っている人がいて、カメラもあるので、できないとは思います。

「ごまかさない」というのが、基本は基本でしょう。子供時代に将棋を指していて、ちょっとしたときにごまかすような子には、やはり、あとになってもその傾向は残るでしょう。ですから、本当の意味で強くならないわけです。

解答を見て写すだけでは、学力は伸《の》びない

これをほかのことで言うと、「宿題等で、ほかの人の答えを写させてもらう」ということなどでしょう。

私は、家庭教師で国語などを教えたことがあります。市販《しはん》の大判《おおばん》の問題集を使ったのですが、自分はズルをしないので「あちらもしないだろう」と思って

いました。

ところが、あるときからやたらと正解が出るので、「おかしいなあ」と思っていたら、私の生徒は同じ本をもう一冊書店で買ってきて、付いている解答を私が来る前に写していたのです。

家庭教師である私が見たら、どれも答えが合っているので、「ちょっとおかしいなあ」と思ったのですが、もう一冊買ってきて答えを写していたわけです。

これでは実力になりません。

それで、「ああ、こういうことをするんだなあ」と思ったことがあります。

「こんなことをしても学力は伸《の》びないことが、どうして分からないのだろう」と思います。

2　勉強や学問に必要な「自分をごまかさない精神」

一冊の本を「まえがき」から「あとがき」まで読むのが基本

ただ、似たようなことは、仕事レベルでも少し起きているのかもしれません。

塾《じゅく》や予備校は、最初は「傾向《けいこう》と対策」と言っていましたが、今では〝ヤマ当て〟もやっています。プロがやっていると、「過去の出題傾向から見て、今年はこのへんが出そうだ」というヤマをかけられるので、塾や予備校は、「幾《いく》つ当たった」ということをよく言ったりもしています。

そういうことをやっていますが、それで受験生が得るものは、本当の学力とは違《ちが》う面があるかもしれません。ヤマが当たって合格したとしても、進学したあとについていけなかったり、ヤマかけの癖《くせ》が抜《ぬ》けなくて、どうしても勉強でヤマかけをしたくなったりする人もいるでしょう。

短期的に見れば、賢《かしこ》いようにも見えます。「試験に出るところだけを勉強し、出ないところはやらない」というのは、見切りとして、時間の利用としては、わりにいいこともあるのかとは思います。

ただ、私の自伝的映画にでも出てくるのですけれども、私は、大学に入って憲法の教科書の上巻と下巻を読むときに、「from cover to cover《フロム カバー トゥ カバー》」で、「まえがき」から「あとがき」まで、きちんと全部を通して読んでいました。

それが基本は基本であり、今でも、本を読むときにはそのようにしています。

ただ、本によっては、それほど時間をかけるべきではないものもあります。今は、職業として知的訓練をそうとうやっていて、「ゆっくり精読するもの」と、「要点だけをつかめばよいもの」との見分けはつくので、さすがに同じようにはやりません。

それでも、いちおう、原則として、「一冊を読み上げる」という主義をいまだに貫《つらぬ》いてはいます。

試験には出なくても大事だと思って勉強した「憲法成立史」

これは、とろいように見えるのかもしれませんが、私には、「なぜ、試験にそこが出るから、そこだけを勉強して、その前のところを抜かすのか」ということが分かりませんでした。

例えば、日本国憲法について言えば、憲法の教科書においては、上巻の半分弱ぐらいを憲法の成立史などの総論に費《つい》やしたりしています。「大日本帝国《ていこく》憲法から現代憲法になる過程は、どのようなものだったのか」というところです。

私は、憲法については、「ＧＨＱが草案でどのようなものを出してきて、それを日本人の学者がどのように受け取って憲法改正草案をつくり、そうした改正案に対して、後《のち》の芦田均《あしだひとし》首相（当時、衆議院の帝国憲法改正案委員会・委員長）がどのような修正を加えて解釈《かいしゃく》の余地があるようにいじったのか」といった成立の過程も非常に大事だと思って、憲法の教科書を読んでいたのです。

実際に今、何十年かがたち、政治活動についても、教団（幸福の科学）から派生したものとして行《おこな》っていると、やはり、「どのような過程で日本国憲法を成《な》したのか」という憲法の成立過程も、基本的に大事なところだと思います。

そもそも、「自主憲法だ」と言っても、英語の憲法草案がきちんとあるわけです。したがって、私は、英語の憲法草案を読み、その日本語訳も読んで、「どう訳したか。どこに手を入れたのか」というところから、「憲法の草案を書いたアメリカ人たちは、どのようなメンバーだったのか」というようなところまで、きちんと見ました。

「そこには専門家が一人ぐらいしか入っておらず、あとは素人《しろうと》がやっていた」ということや、「誰《だれ》がどこを書いたのか」ということも、私は興味があったのです。

また、そのメンバーのなかには、その後、本国に帰っておばあさんになったときに、その子供の代に対して、「実は、日本国憲法のあの部分の原稿《げんこう》は、私が書いたものだ」、「私は何をしていたかというと、タイム誌の調査員だった」というようなことを言っている人もいます。

要するに、「専門家ではない人まで入ってやっていた。素人が集まって、ほかの国の憲法等を参考にしながら、一週間余りで書いたらしい」というところまで分かっているのです。

そのようなわけで、「日本人が英語の憲法草案をきちんと日本語に訳し、それが国会を通って、天皇が勅語《ちょくご》を読み上げて公布したものだから自主憲法だ」と言う人もいるのですが、その字句を照らしてみれば、元の案と同じかどうかは分かります。現実には「押《お》しつけ憲法である」というのが正しいことは、成立過程をきちんと見れば明らかに分かるのです。

ただ、成立過程については無視していた人からすれば、それはどうでもよいことであって、「試験には憲法○条の条文と判例がよく出る」といったことだけを覚えていればよいのでしょう。

正直に勉強していると、「もとにあるもの」に関心が広がる

憲法の成立過程を読むと、次は、「そもそも、法の根源にあるものは何か」という法源論、法哲学《ほうてつがく》のほうに当然入っていきますので、「何でもって、そうした憲法が要《い》るのか」というところまで行きます。

さらに、法哲学にまで入っていくと、そうした法哲学や政治哲学を勉強すると同時に、どうしても宗教にまで入っていきます。「なぜ、そのようになっていったのか」というもとをどんどん辿《たど》っていけば、そういうことになるのです。

正直に勉強をしていると、副産物として、いろいろなものについて関心を持つことができ、調べることができるようになるわけです。

そのため、私は、政治に関する話をするときには法律学的な話もしていますが、「その考え方のもとにあるものは何か」というようなことをよく調べたり考えたりしていたので、いまだに、話が根源的なところから出てくるようになっています。そういう面はあるでしょう。

それは、「学校のテストの成績や外部の試験等には、ほとんど関係がない」と言えば関係がないものだろうし、もしかしたら、時間がかかって損をしているかもしれないと思うこともあるのですが、「基本的な考え方が何なのか」については、非常に大事なことだろうと思うのです。

入門書を何冊か読み、大事なものは繰《く》り返し読んだ

そのようなわけで、「知的正直さ」が非常に大事だということを、改めて頭に入れてから勉強をやり始めたのですが、そうすると、どうなったでしょうか。大学に入ってからの学問はそれなりに難しく、「教養レベル」といっても、どうしても、高校までにはないような概念《がいねん》的なものがけっこう出てきます。

要するに、実際の物ではないもの、実際に触《さわ》れたり見たりできるような物ではないもの、具体的な物ではない考え方や概念がたくさん出てくるので、それがけっこう難しく、まともに捉《とら》えると先に進まなくなるようなことはありました。

したがって、そういったものを理解できるところまで自分を高みに上げようと思い、まずは入門書に当たるようなものを何冊か読み、基本的な考え方や用語等については、ある程度、目を通して、少し頭に入れるようにしました。

そのように、全部はなかなか分からなくても、ブロックを積み上げるように分かるところを増やしていって、だんだん全部が分かってくるようなかたちの勉強の仕方をしていたと思います。

また、一回読んでも分からないことも多いので、「繰《く》り返し読む」ということをよくやっていました。ただ、それは、もちろん大事なものについてです。

一回読めば、「それ以上ではない」と思うようなものもありますが、大事なものを繰り返して読んでいると、次の「二回目に読むとき」「三回目に読むとき」「四回目に読むとき」といった、それぞれの時期までには間が空《あ》いているので、その間に、ほかの本を読んだり、いろいろなことをしているうちに、勉強が進んでいたりします。

そのため、繰り返し読むと、前回と違った理解の仕方ができたり、前回は見落としていたようなところで、「ああ、こんなことを言っていたのか」と気がついたりすることがあるのです。

そのように、間を空けて繰り返し読むことで、深い勉強ができるということを学べました。

学問の出発点には「自分をごまかさない精神」がある

やはり、学問の基本としては、「自分をごまかす精神があったら進まない」

ということでしょう。これは非常に大事なことです。

学問の最初は、基本的には〝精読的なもの〟だと思います。学校で教わるものもそうですし、受験レベルのものでもそうだと思いますが、基本的には、短いテクストを丁寧《ていねい》に疑問を残さず読むようなかたちでしょう。

先ほど述べた国語の試験においても、一ページぐらいの現代文を分割《ぶんかつ》しながら、「これはどういう意味か」というようなことを細《こま》かく追究するところから始まるだろうと思います。

もちろん、仕事をするレベルになると、もう少しいろいろな工夫《くふう》は要るでしょうし、雑学も仕入れなくてはいけなかったり、速読・多読もしなくてはいけなかったり、やり方を変えなければいけなくなるとは思います。しかし、出発点は、そのあたりの「ごまかさない精神」だと思うのです。

環境《かんきょう》の差でよい結果が出ている場合、あとで実力を試《ため》される

　したがって、気をつけなければいけないのは、「結果よければすべてよし」という考えでもってすると、「家の貧富の差、経済力の差が学歴の差になる」というような、よく言われる考え方になるところです。

　これは、よく政治家やマスコミが問題にするようなことでしょう。「親の収入が高ければ、家庭教師も付けられるし、塾に行くこともできるようになる」というわけです。

　例えば、「大学入試の参考資料として、英検などを活用して合否を出す」というようなことを決めたとします。そうすると、「では、奄美大島《あまみおおしま》や佐渡島《さどがしま》な

どの人は不利ではないですか。わざわざ都会まで出てきて、そうした試験を受けなければいけないとなると、泊《と》まらなければいけないし、交通費もかかるでしょう。それはどうするのですか」という話になるわけです。

ただ、「それなら交通費を支給します」とか、「宿泊費《しゅくはくひ》を支給します」とか言い出したら、何だか少しおかしな感じになってくるのは事実でしょう。

あるいは、英検のような試験であっても、二次の面接形式の口述試験がありますす。都市部であれば、外国人もいますし、海外に留学した先生もたくさんいますが、地方に行くと、だんだん、外国人が少なくなりますし、「英語は、テキストでは勉強したものの、実際に使ったことはない」という先生も増えてくるため、面接官等も少なくなってきます。

したがって、そのあたりの濃淡《のうたん》はあるでしょう。そのように、若干《じゃっかん》、有利・

不利の問題が出てくることはあります。

さらに、「上の子がいる場合」と「そうでない場合」でも差が出ることはあるでしょう。上の子がいて、同じ学校に通っていると、「教科書で何をやるかが分かっている」とか、「お兄ちゃん、お姉ちゃんのときのテストやプリントなどがあるので、先にやろうと思えば、少し早めにやることができる」とかいうこともあります。

そのように、有利になる場合もあるのですが、それで「自分は賢い」と思っていると、あとで、そういうものがなくなったときに、「本当に賢いかどうか」を試《ため》されることになるのです。そういうことがあるということを知らなくてはいけないと思います。

大切なのは、勉強の「結果」ではなく、勉強の「仕方」や「態度」

特に今、都市部の人たちは、幼児期から、あるいは胎教《たいきょう》から始まって、英才教育をずいぶんやっています。「少しでも人より早ければ、結果が有利だ」と、一種の〝洗脳〟と言ってもいいぐらいの感じで、勉強関連の産業が発達しているわけです。

しかし、たいていの場合、幼稚園《ようちえん》部門を担当している人、小学校部門を担当している人、中学校部門を担当している人、高校部門を担当している人というのは、自分の持ち場での意見を言ってはいるものの、「その後どうなるか」にまでは関心がないのです。

したがって、小学生の塾なら、中学に入《い》れればよく、「何名受かったか」が問題で、「その後どうなったかは知らない」ということです。高校生の塾でも、おそらく同じようなことはあるでしょう。「何名合格したか」が問題で、「大学に入ってからどうか」ということは問いません。

あるいは、大学時代に勉強ができたとしても、社会に出てからあと、実際にどうなるかは分かりません。そのときの「勉強の仕方」がどのようなものであったかによって、現実には、社会人になってから違いが出るわけです。

また、社会人になると、最初は研修等もありますから、ある程度の参考書やテキストに基《もと》づいて教えてくれることもありますが、それはごく短期間のことです。そのときはマニュアル的なものを教わりますが、あとは、「自分で何をやるか」という問題になります。自分で本を読んだり、雑誌を読んだり、専門書を読んだり、テレビを観《み》たり、いろいろなことを人から学んだりするわけです。

そうした社会人としての勉強になると、もはや、「誰がどのようにやっているか」は分からない状態になりますし、サボっていてもそれほど怒《おこ》られるわけでもありません。また、早くやったからといって、それですべてでもないのです。そのように、自分の〝マイペース〟で決めることができる場合もあります。

ただ、そのあたりの「勉強の態度」が、非常に大事だろうと思うのです。

全体が見えないと、分かった感じがしないタイプだった

私などは、「その勉強や学問を何のためにやっているのか」という目的と

「全体の枠組《わくぐ》みや輪郭《りんかく》」がはっきりと見えてこないと、分かった感じがしないタイプでした。

部分的にだけ覚えられるような器用な人もけっこういるのですが、私はなかなかそのようにはいかなくて、「自分はずいぶん不器用だなあ」と思うほうではありました。「全体が分かってこないと、分かった気にならない」というタイプだったのです。

そういう意味では、新しい業務知識等に立ち向かう場合にも、「半年ぐらいはなかなか分からない」という感じが非常にしました。

人によっては、「ここを勉強しておけ」と言われたら、パッと呑《の》み込《こ》んで、その日の分というか、その次にやるようなところだけを部分的に勉強して、できるような人もいて、「ああ、器用なんだなあ」と思ったのを覚えています。

ただ、私は、どうしても体系的な理解をするタイプだったので、なかなかそうはいきませんでした。

3 嘘《うそ》から信用は生まれない

仕事においても大事な、「ごまかさない」態度

ただ、私としては、この「知的正直」、すなわち、「intellectual honesty《インテレクチュアル　オネスティ》」を知っていたということが、比重《ひじゅう》としてはわりあい大きかったかなと思っています。また、このように勉強していく態度は、やってみて非常に大事でした。

特に自分の本業である仕事というか、本筋《ほんすじ》のものに関しては、「『ごまかさない精神』を持って勉強するのはとても大事だ」ということを肝《きも》に銘《めい》じたもので

す。

本業でないものに関しては、「教養をアバウトに持っていればよい」とか、「知識を少し知っていればよい」とか、「何も知らないよりは知っていたほうがよい」とかいったレベルのものまであるので、この「濃淡《のうたん》の部分」は当然つけていくべきだとは思います。

しかし、少なくとも、「本筋のものはごまかさない」という態度を持っていました。

ですから、先ほど述べたように、「外枠《そとわく》」というか、「全体の外形」が分からず、さらに、「何のためにやっているのか」という目的が分からずに与《あた》えられた仕事のようなものは、なかなかマスターできなくて、先輩《せんぱい》に怒《おこ》られることも多かったのです。

「前任者がこうやっていたから、こうやれ」というような、ちょっとした「引き継《つ》ぎ書」ぐらいはあるのですが、それには「何のためにこれをやっているのか」がほとんど書かれていないため、分からないのです。それで、ときどき仕事が抜《ぬ》けたりすると、よく怒られたりもしました。

やはり、実際の仕事レベルになると、「学問のように固めて教えられるようにするのは難しいものがある」というのは事実でしょう。「畳《たたみ》の上の水泳訓練をしても意味がないから、実際に池で泳いでみろ」といった感じが実際のところかと思います。「〝オン・ザ・ジョブ〟で、何か給料に相当するものを稼《かせ》ぎながら、勉強もしなさい」という感じでしょうか。「勉強だけしていては、お金はもらえませんよ」というのが社会人の基本なのだろうと思います。会社へ行って、学校に通っているように、ただ、ちんと座《すわ》っていて、誰《だれ》かが教えてくれるのを待っているか、「これを読んでおけ」と言われるのを待っているかしていては、給料分が出ないわけです。

社会に出ると、「肉体労働でも、雑用でも、何でもよいからとにかく給料分は稼いだ上で勉強をするものだ」といったことを知ることにはなっていきました。

宗教においては、「ごまかし」が決定的な問題になることも

学問においても、そうした「ごまかし」をやると、あまりよいことはないのですが、特に、私たちのように宗教になると、目に見えない世界についても言《げん》及《きゅう》するものなので、「ごまかし」のところが非常に決定的な問題になることが

あると思います。

現代では、国によっても違《ちが》いますが、日本であれば、半分以上の人はあの世などを信じていないし、霊《れい》なども信じていないし、神仏なども、おそらくはもう信じていないでしょう。

観光で神社仏閣《ぶっかく》に行ったときだけ、かたちだけをまねするとか、気分だけを味わうとかいうことはあります。また、ややゲーム感覚なのかもしれませんが、信じてはいないのに、おみくじやお守りを買ったりもしています。それは、うっすらとした信仰心《しんこうしん》の一部なのかもしれませんが、そういったところがあると思うのです。

あるいは、信じている宗教によっては、「自分たち以外のところには行かせない」というところもあります。宗教のなかには、「ほかのものは、全部間違いだ」と教えているところもあるので、「遠足や修学旅行などで、神社とかお寺とかへ行く」というと、ガタガタと震《ふる》えているような子供もいたりしました。「全部間違っていて、地獄《じごく》に堕《お》ちる業《わざ》だ」というように教わっていて、そういう感じになる子供もいたようには思いますが、こうした加減については難しいところがあります。

最初の格闘《かくとう》は「言葉」から始まった

先ほど、「まず、言葉のところが特に中心になった」と述べましたが、確かに、私は「正しい言葉」が使えなくて、最初の格闘《かくとう》というのはここから始まりました。

そうしたことについて、十代のころはまだ許されていたというか、周りが許してくれていた部分もあったのですが、大人になるにつれて許されなくなってくるわけです。

子供であれば、適当なことを言うとか、多少、サバを読むとか、そういうこともありえたりしますし、他人《ひと》の悪口を言ったりしても、子供の世界においては、犯罪にまで問われるようなこともそれほどないでしょう。

そういう意味で、「言った者勝ち」とか、「声が大きいほうが勝つ」とか、「繰《く》り返し言ったほうが勝つ」といったところもあったのかもしれませんし、今も、「いじめ問題」などにおいては、そういうところもあるのかもしれません。

例えば、最近では、ＳＮＳなどで悪口を流したりしていじめることも多いと聞いていますが、大人であれば立派な犯罪になるようなことでも、子供は平気でやっているものもあります。

言葉については、「いいかげんなことを言ったりして怒られる」といった経験もしましたが、「人を傷つけるような言葉を発して後悔《こうかい》する」ということもずいぶん多かった気がするのです。

東京流の「お愛想《あいそ》」「お上手《じょうず》」にショックを受けた私

そういったことについて、「なぜだろう」と自分で考えてみると、一つには、地方から出てきて、〝東京マインド〟というものがまだできておらず、「こういうときに、どのように応対して、どういう言葉を使うべきか」といったあたりがよく分からなかったということがあります。

言葉を換《か》えて言うと、東京に上京してきて学生生活をしているとき、「大人の方々が、いわゆるお愛想《あいそ》で言う言葉には、嘘《うそ》が多い」ということに、最初はややショックを受けたのです。

例えば、「また、いらっしゃい」と言われて、「本当かな」と思ったら、実は本気ではなくて、言葉だけで言っていたとか、「ご飯《はん》を食べにいらっしゃい」と言われて本気にしたら、実は違ったとかいったことがあって、「ええっ？」と戸惑《とまど》いました。

「いらっしゃい」と言われたら、こちらにも義務感が出て、「行かなければいけない」と思ってしまいます。ところが、「来週にでもいらっしゃい」「日曜日にでもいらっしゃい」と言われたので、本気にして行くと、向こうはまったく考えてもいなかったとか、「ご飯を食べに来なさい」と言われて本気にしたら、違ったとかいうことがあるわけです。

それについては、私の兄もいたことのある京都でも少し勉強したことはありました。

京都では、長居するお客を追い返したくなってきたら、「お茶漬《ちゃづ》けを食べますか?」といったことを言うのですが、それを知らないと、「はい、お願いします」と答えてお茶漬けを食べて、さらにお代わりをしてしまったりするようなこともあるかもしれません。

しかし、「お茶漬けを食べていきますか?」というのは、「早く帰れ」という意味であり、こういった京都流の言い方を知らなければ、本当にお茶漬けを食べて帰って、恥《はじ》をかく場合があります。

東京にも東京なりにそういったものがあり、いわゆる「お上手《じょうず》」を言われることがあるのです。

あるいは、外国でも同じようなことはあって、英語で“See《シー》 you《ユー》 again《アゲイン》.”と言われても「それっきり」といった場合もあるので、強く念を押《お》さなければ、約束したことにはならないのかもしれません。

また、「『今度、何々を送る』とか、『お土産《みやげ》を送る』とか言われたので、信じて待っていたけれども、何も来ない」というようなこともよくあって、これについても、ちょっと信じられませんでした。

これは私が大学に入る前のことでしたが、「いとこがスキーに行って、足を折って入院した」と聞いて、私はお見舞《みま》いか何かを書いたのだと思うのです。そうしたら、伯母《おば》に当たる人が、「今度、退院したら、あなたに何かプレゼントすると言っている」といったことを書いてきたのです。

それで、私は「いとこが退院したら、何か送ってきてくれるのか」と思ってずっと心待ちに待っていたのですが、全然、来ませんでした。つまり、「お上手」「お愛想」で言っているだけだったわけです。

仕事において大切なのは「信用」

そういうことを何度か繰り返し経験すると、「本当である場合もたまにはあるけれども、たいていの場合、〝肩透《かたす》かし〟を食ってもしかたがないのかな」ということを勉強するようにはなっていきました。

ただ、あまりすっきりした感じではありませんでした。日常生活ではまだよいとしても、実際に仕事をし始めたら、それでは許されないところがあります。例えば、商人であれば、「相手をうまく騙《だま》して買わせたり、売り込《こ》めたりしたら勝ち」と思うかもしれませんが、実際上、ビジネスのレベルになると、「繰り返し、顧客《こきゃく》を維持《いじ》しなければいけない」ということになるので、あまり嘘をついていると相手にされなくなるということを経験するでしょう。そのように、「仕事のレベルでは、信用が大事だ」ということを、もう一度、社会人になってから教わるのです。「信用がベースだ」ということです。

また、「会社の看板がある」というようなこともあって、相手も、いちおう、「その会社が採用して、給料を払《はら》って置いていて、その会社の名前で仕事をしている人間である以上、こういう大事なことについては、嘘はつかないだろう」と思っています。つまり、相手も信用してやっているわけです。

もし、嘘をついてダメージを与えてしまったら、取引が中止になったり、損害賠償《ばいしょう》を請求《せいきゅう》されたりするので、そういうことは、暗黙《あんもく》のうちに教わらなければいけないことでしょう。

そういった意味で、「信用」というものが大事になります。「勉強」においては「知的正直」が大事ですが、「仕事」においては「信用」が大事になって、「この人が言うことは信用できるかどうか」という、その積み重ねが、結局、相手に信頼《しんらい》されていく道なのです。

もちろん、風土によっても違いがあり、日本から見て西に当たる砂漠《さばく》のほうに行けば行くほど、値段交渉《こうしょう》などでは必ず〝ふっかけ〟があります。値切られることを承知の上で、最初は高めに付けていて、交渉術によって値段が変わるというようなこともあり、このあたりはやや難しいのです。

日本でも、商売人がよく、「もう、まけます」などと言っています。これは「おまけ」と同じで、安くすることを「まける」と言うわけですが、交渉をして、「もう、あなたには敵《かな》わないから安くする」といったことの名残《なごり》のようなものでしょう。

ですから、そういうものもないわけではないのですが、基本的には、信用のある会社のレベルや、あるいは研究者のレベルなどになると、やはり、「信用の裏づけ」が大事になってくるのです。

4　正しく語るためのチェックポイント

真実語《しんじつご》を語ることが大事

「正語《しょうご》の教え」というのは、仏教的な悟《さと》りの問題だけではなく、仕事の上でも大事であり、嘘《うそ》を重ねていく者は、基本的には信用されません。そういうことは、習っているとおりのようになると思います。

『太陽の法』にも、「正語の教え」として、「自分は正しく語ったか。自《みずか》らの良心に恥《は》じるようなことは語らなかったか」という「真実語《しんじつご》」を出しています。

「真実語を語ることが大事である」ということです。

悪口《あっく》――言葉で、他人《たにん》を傷つけなかったか

次に、「言葉で、他人《たにん》を傷つけなかったか」。これは「悪口《あっく》」です。つまり、悪口《わるくち》のことですが、言葉で人を傷つける場合があるので、言葉を選んで話さなければいけませんし、間違《まちが》った言い方で人を傷つけた場合には、謝《あやま》らなければいけないこともあれば、訂正《ていせい》しなければいけないこともあります。

また、無知ゆえに、よく知らないことを言ってしまって、人を傷つけることもあるでしょう。

あるいは、私たちのレベルではあまり起きないことですが、例えば、国会答

弁をする大臣や首相レベルになると、「日本人は単一民族でありまして」というようなことを言っただけでも抗議《こうぎ》が来ることがあります。一般《いっぱん》的にはそのような言い方をされるものの、「私は北海道に住んでいるアイヌ民族なのですが、民族は一緒《いっしょ》ではありません」というようなことを激しく抗議されると、謝罪しなければいけなくなることもあり、大まかにはよくても、部分的には違うものもあるわけです。

それから、女性蔑視《べっし》で言ったつもりはなくても、そのように取られてしまい、何か言われる場合もあります。

そのように、言葉というものは実社会では重みがありますし、立場によってはさらに重くなることもあるわけです。

妄語《もうご》――内容を偽《いつわ》ったり嘘《うそ》をついたりしていないか

次に、「悟りを偽《いつわ》らなかったか」です。

これは、宗教的にはそういうことですが、ビジネス的に、あるいは仕事的に言えば、冗談《じょうだん》や遊びでやっているのではなく、本当にビジネスで話をしている、あるいは仕事上の大事な話をしているときに、内容を偽ったり嘘《うそ》をついたりしている場合は、「妄語《もうご》」に当たるわけです。

綺語《きご》――他人を迷わし、うぬぼれさせたりしていないか

それから、「他人を迷わし、うぬぼれさせたり」とあります。迷わせたり、うぬぼれさせたりすることを「綺語《きご》」といい、これは、先ほども述べた、おべんちゃらやきれいごと、飾《かざ》り言葉のことです。

自分が「いい人だ」と思われたくて、相手をやたらほめそやしたり、「真実ではない」と思っていながら、そういうことを言ったりすることがあります。

確かに、人によってはそういうことをするようにはなりますが、繰《く》り返し行《おこな》っていると、だんだんバレてくることがあるのです。

こうした綺語は、「自分は少し洗練されてきた」と思ってきたころによく出

郵便はがき

料金受取人払郵便

赤坂局
承認

7468

差出有効期間
2021年10月
31日まで
(切手不要)

1 0 7-8 7 9 0

112

東京都港区赤坂2丁目10−8
幸福の科学出版（株）
愛読者アンケート係 行

ご購読ありがとうございました。
お手数ですが、今回ご購読いただいた書籍名をご記入ください。

書籍名

フリガナ お名前	男・女	歳
ご住所 〒 都道府県		
お電話（ ） −		
e-mail アドレス		
ご職業 ①会社員 ②会社役員 ③経営者 ④公務員 ⑤教員・研究者 ⑥自営業 ⑦主婦 ⑧学生 ⑨パート・アルバイト ⑩他（ ）		
今後、弊社の新刊案内などをお送りしてもよろしいですか？ （はい・いいえ）		

愛読者プレゼント☆アンケート

ご購読ありがとうございました。
今後の参考とさせていただきますので、下記の質問にお答えください。
抽選で幸福の科学出版の書籍・雑誌をプレゼント致します。
（発表は発送をもってかえさせていただきます）

1 本書をどのようにお知りになりましたか？

① 新聞広告を見て ［新聞名： ］
② ネット広告を見て［ウェブサイト名： ］
③ 書店で見て ④ ネット書店で見て ⑤ 幸福の科学出版のウェブサイト
⑥ 人に勧められて ⑦ 幸福の科学の小冊子 ⑧ 月刊「ザ・リバティ」
⑨ 月刊「アー・ユー・ハッピー？」 ⑩ ラジオ番組「天使のモーニングコール」
⑪ その他（ ）

2 本書をお読みになったご感想をお書きください。

3 今後読みたいテーマなどがありましたら、お書きください。

ご感想を匿名にて広告等に掲載させていただくことがございます。ご記入いただきました個人情報については、同意なく他の目的で使用することはございません。

ご協力ありがとうございました！

てくるので、気をつけなければいけません。おべんちゃらは、素朴《そぼく》なタイプの人は言えないのですが、自分は都会人だと思ったり、社交好きだと思ったりするような人が、わりに言うことが多いのです。ただ、社交辞令のようになってくると、お互《たが》いに使い合うので、なかなか難しいものです。

両舌《りょうぜつ》――仲違《なかたが》いをさせ不安に陥《おとしい》れるようなことを語らなかったか

それから、「仲違《なかたが》いをさせ不安に陥《おとしい》れるようなこと」、つまり、「両舌《りょうぜつ》」、「二枚舌」のことですが、「これを使わなかったか」ということです。これも出ることがあるので、気をつけなければいけません。

「対機説法《たいきせっぽう》」の場合もあるのですが、人によってあまりにも違うことを言いすぎると、難しいところがあるわけです。

その人にとって必要なことを提供し、話をするのはよいことではあるのですが、Aさんに言うことと、Bさんに言うことと、Cさんに言うことがすべて違っていて、その裏にやや不誠実さがあるような場合は、やはり、両舌、二枚舌といわれるものになります。昔から、「二枚舌があると、閻魔《えんま》様に引っこ抜《ぬ》かれる」と言われる「二枚舌」ですが、これも気をつけなければいけないところです。

「その人に合ったことを語っている」「相手に合わせて語っている」ということと、「内容は違うと思いながら語っている」ということとでは、やはり、違います。二枚舌についても、「誠実さ」が裏にあるかどうかで、対機説法的なものであるのか、ただ、自分にとって都合《つごう》のいいように、それぞれの人に別のことを言っているだけなのかといった違いがあるのです。

あるいは、時代的に戦国時代等のものを読みすぎると、軍師などが策略を巡《めぐ》らせ、仲違いをさせるために、それぞれに別のことを言って喧嘩《けんか》をさせるのと同じようなことを言うようになります。

例えば、AさんとBさんの二人に、「どこそこの領地を与《あた》えよう」と、同じ土地を与える約束をしたりすると、それを知ったAさんとBさんが喧嘩をし始めるというようなことでしょうか。そういうことをやらせたり、疑いを起こさせたりすることがあります。それは、兵法としてマンガで読んだりする分には面白《おもしろ》いのですが、ビジネスの世界ではやや厳しいことはあるのです。

また、こういうことは、外交と絡《から》んで国家のレベルでもあります。外交では外交用語というものがあり、いろいろと翻訳《ほんやく》されなければいけない面もあるのですが、明らかな嘘ということもあるのです。やはり、明らかな嘘を言い続けている者は信用されるべきではないですし、そのように取り扱《あつか》わなければならないのではないかと思います。

5　新型コロナウィルス感染をめぐって嘘《うそ》を言い続ける中国

最近では、中国・武漢《ぶかん》発のコロナウィルス感染による肺炎《はいえん》のため死亡するという現象が、全世界的に広がっています。「コロナショック」といいますか、「パンデミック」というようなことで、全世界数十万人（説法《せっぽう》当時。二〇二〇年四月七日現在、百万人を超えている）に感染が広がり、数万人も亡《な》くなっているような状態が起きているのです。

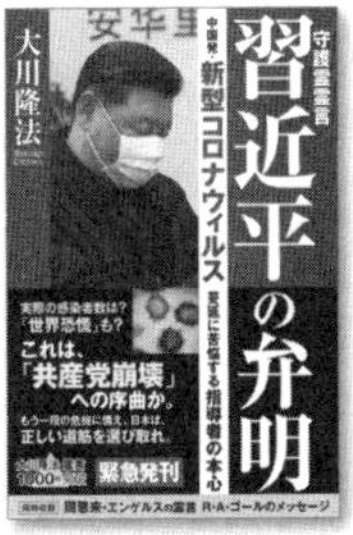

●中国・武漢発の……　『中国発・新型コロナウィルス感染 霊査』『守護霊霊言　習近平の弁明』（共に幸福の科学出版刊）参照。

これも最初は、昨年（二〇一九年）の十二月の頭に、中国の武漢市で罹《かか》った人が出てきていたことは分かっています。ですが、一月の終わりごろになって、やっと、「これは大変だ」ということになり、武漢を閉鎖《へいさ》したり、原因を究明したりするようになっているので、二カ月弱、対策が遅《おく》れているわけです。ですから、中国の武漢発のウィルスであることを、最初は分かっていました。

ところが、今、新聞を読むと、この新型コロナウィルスについて、アメリカと中国が応酬《おうしゅう》し合っています。トランプ大統領が、「中国ウィルスだ」と言えば、中国のほうは「そんなことはない」と言っているのです。あるいは、「これは、米軍が仕掛《しか》けたウィルス兵器による攻撃《こうげき》かもしれない」というようなことを言って混ぜっ返したりもしていて、お互《たが》いに「そちらのせいだ」といったことを言い合っています。

しかし、これについては、最初のころのことを緻密《ちみつ》に見てみれば、一カ所から発生したものであることは明らかです。このようなウィルスを扱《あつか》うウィルス研究所があるのはここくらいなので、そこから出たものであるということは、みな最初から率直《そっちょく》に感じていましたし、習近平《しゅうきんぺい》氏が「武漢閉鎖」と言ったということは、「そのときには、ウィルスが漏《も》れたことを知っていた」ということを意味するのです。

それから、細菌《さいきん》ウィルス兵器の研究チームのトップであり、少将の肩書《かたがき》を持つ人を、最初に現地に送っているので、「ウィルス研究所から出たものではないか」という疑いを初めから持っていたことは明らかでしょう。

ただ、そのあと、「海鮮市場《かいせんいちば》から出た」などといったことを言い出したりしてはいるわけですが、広がっているウィルスは、明らかに人工のもの、手が加わったものだと推定されます。

また、研究所では、コウモリやネズミなど、いろいろなウィルスを持っているものを集めて抽出《ちゅうしゅつ》し、それを培養《ばいよう》しながら変化を加えて、どの程度のものにするかというような研究をしていたはずです。ですから、このあたりのところについて、「どういうルートでウィルスが出たか」ということもありますし、あるいは、「その研究に使った動物も、本当は焼却《しょうきゃく》しなければいけないところを売っていた」という話も出ているので、そうとうギルティ（有罪）だと思います。

「世界数十万人が感染し、数万人が死んだ」と言われていますけれども、もし、それが中国の責任で出たというのなら、賠償《ばいしょう》責任等も出てきますし、場合によっては戦争を仕掛けられることもあるので、中国は、「これは米軍がやったに違《ちが》いない」などということを言い出したりして、混ぜっ返しています。こういうことはあまりよいことではありませんが、中国、北朝鮮、韓国《かんこく》あたりは、「国レベル」でこういうことをよく言う癖《くせ》があるので残念です。

そして、日本政府は、そういうものにあっさりと〝騙《だま》されているふり〟をしているし、日本のマスコミも、このコロナウィルスを、いまだに「天然のウィルス」という扱いで報道し続けているので、人がいいのか、事を荒立《あらだ》てたくないのか、あるいは経済的利益を維持《いじ》したいのか、よく分かりません。いろいろあるのでしょうが、「世界の大勢は、すでにしっかりと見極《みきわ》めているのに、〝騙されたふり〟をしたままでいるのはどうなのか」と思うのです。

要するに、嘘《うそ》を言っても平気なところがあるわけです。「嘘を言ったら地獄《じごく》に堕《お》ちる」というようなことを信じていると嘘は言えませんが、「あの世などない。天国も地獄もない。この世限りだ」と思っているようなところでは、〝嘘をつき放題〟なのです。「嘘をついても、どうってことはない。この世で得をしたら、勝ちだ」ということになります。そう思って生きている人もいるのではないでしょうか。

6 「嘘《うそ》」と霊界《れいかい》とのかかわり

文学や芸能において、嘘を生業《なりわい》としてはいけない

また、文学的なものでも、フィクションはけっこうあります。フィクションというのは「虚構《きょこう》」ということですが、これが文学的範囲《はんい》内でありえる虚構として意味を持つ場合もあれば、単なる嘘《うそ》をたくさん書き込《こ》んでいるだけの場合もあって、人騒《ひとさわ》がせなこともあるわけです。

さらに、芸能系のほうでも、単に、「人を騙《だま》すことがタレントや俳優の仕事

だ」と思っているならば、これまた人生の破綻《はたん》をきたすことにもなるでしょう。役柄《やくがら》としては、そういう役を演じなければならないので、それになり切って演じるというのであれば分かるけれども、私生活に戻《もど》ったら、やはり、「本来の自己」というものを、きちんと取り戻さなければならないと思います。

このあたりの〝除菌《じょきん》作業〟や〝除染作業〟をしていない人は、人格に狂《くる》いが出てくると思います。そして、「芸」を演《や》っているつもりで「嘘つき」になってしまうわけです。

日ごろから嘘をついている人が、他人《ひと》を騙そうとして落語や漫才《まんざい》をしたところで、笑ってはくれません。真面目《まじめ》な人がそれを言うと笑ってくれることもありますが、人は嘘を生業《なりわい》としてしまってはいけないのではないでしょうか。

想念の曇《くも》りが「嘘を好む種類の霊界の住人」を引き寄せる

こういうことが心に「想念の曇《くも》り」をつくり始めます。そして、「嘘を好む種類の霊界《れいかい》の住人」を引き寄せるようになります。小悪魔《こあくま》、悪魔の類《たぐい》を引き寄せることもあるし、そういうものが来なくても、正統な天上界《てんじょうかい》とは思えない世界には〝変形〟した魂《たましい》も幾《いく》つか存在するので、そういうものが来ることもあるわけです。

例えば、天狗《てんぐ》も大ボラを吹《ふ》く傾向《けいこう》がありますし、妖怪《ようかい》も人を騙すのは好きです。それから、妖魔のように、人を騙して破滅《はめつ》させていくようなものもいます。

あとは、動物霊のなかにも嘘をつくものがけっこういます。「コックリさん」

の類を行うと、たいてい狐《きつね》や犬、狸《たぬき》などの動物霊が来ます。そういう類の霊がかかってくると思われているわけですが、ときどき人間の霊もかかってくることがあるのです。嘘をつくものがけっこう出てくる場合もあります。

要するに、地上付近で徘徊《はいかい》している霊には、何とかして生きている人間に取り憑《つ》き、地獄《じごく》に堕《お》ちて苦しむことから逃《のが》れたいと思っているものがたくさんいるわけです。人間霊、動物霊、ほかのものも含《ふく》めて、そういう霊がたくさんいます。

したがって、彼らが持っているような性質を持たないことが大事です。「人間として正しく生きる」ということが大事だと思います。

「知的正直さ」を持って霊言《れいげん》の探究をしてきた

私は霊言《れいげん》等を出していますが、幸福の科学の初期のころも、極《きわ》めて慎重《しんちょう》に行《おこな》っていたことは何度か話をしているはずです。その名前を名乗っている霊人《れいじん》が、一年後、二年後、三年後にも一貫《いっかん》したことを言っているかどうか、発言が矛盾《むじゅん》していないかどうかなど、そういうことをずっと見ていました。内容のレベル等を見て、このレベルの人が言っていいことかどうかということも考えながら、六年近くいろいろと調べた上で霊言集を発刊し、教団を始めたわけです。

このあたりは、街の「普通《ふつう》の霊能者」とは違《ちが》うところでしょう。神がかってきたり霊がかってきたりして、自然発生的に起きるものに比べれば、私のほうは「知的廉直《れんちょく》」から始まっているわけです。「学問的な思考」を持っていましたし、「信用の積み重ねが要《い》る仕事」「嘘を言ってはいけない仕事」をしていたので、その面からも、霊的なものをきちんと確認しなければならないと思って研究をしていました。

このあたりは臆病《おくびょう》に見えるかもしれませんが、間違っていたら世間《せけん》に害毒を流すこともありますし、それで食べていかなければならないというような状態でもなかったことは事実なので、慎重に考えて、体験し、「自分の良心に照らしても間違っていない」と思ったものを本にして発表したのです。読者の反応を見ると、支持する声がかなり多く、「これは一般《いっぱん》の人が読んでも、だいたい納得《なっとく》がいくのか」ということも知った上で始めましたし、内容を支持する人が、そうとうの数、集まってきてくれました。

霊言は、もう三十九年も続けています。今は幸福の科学学園やHSU（ハッピー・サイエンス・ユニバーシティ）もありますが、そういうところに来るような人たちは、週刊誌レベルの揶揄《やゆ》やからかい、嘘、詐欺《さぎ》まがいのことでへこたれないとは思いますし、私もそれだけの「知的正直さ」を持って探究してきました。

もちろん、「霊界」のことや「宇宙」のことになると未知のことが多いので、そう簡単には届かないし、完全に百パーセントと言えるかどうかは分からないこともあります。

ただ、私自身はできるだけ勉強をして、人間の精神にとって有害なものと有用なものとを見分け、「悪魔の狡猾《こうかつ》な騙し」に引っ掛《か》からないように気をつけて、非常に慎重に行ってきました。

簡単にコロッと騙されるような知性では悪魔にやられてしまうし、知性が高くても、疑いが強すぎてまったく信仰《しんこう》に入れないタイプの人もいるので、このあたりは、とても難しいところがあります。

ただ、幸いにして、全体的に見れば、かなり大きな信用を得てきたのではないでしょうか。

そのため、他の宗教からは、「幸福の科学だけが、非常に有利に扱《あつか》われている」というように言われ、そういう意味で嫉妬《しっと》されたりすることも多いのですが、それだけの精度を保つように努力はしているのではないかと思います。

欲望に翻弄《ほんろう》されると良心を失う

やはり、宗教者であるならば、「自《みずか》らの良心に恥《は》じるようなことは語らない」ことが大事ですし、「嘘をついてでも創作物をつくれたらいい」とか、「金が儲《もう》かればいい」とか、そういうことはするべきではありません。

霊的なものには不確かなものが多いので、これは経験を積みながら次第《しだい》にだいに真理の核心《かくしん》に攻《せ》め込んでいかなければならないものですが、少なくとも、「内容において正しいかどうか」という確認は要るでしょう。

もし、霊界にいる人の写真を撮《と》ってきたり動画を撮ってきたりするということができたとしても、それが本物かどうかの証明にはならないというのは当然のことですが、「魂の調べ」「響《ひび》いてくる言葉の真贋《しんがん》」「本当に正しいかどうか」というようなことは、人々はおおむね見分けることができるようになってくると思います。

やはり、そうした良心を失わないことが大事です。

良心を失う場合は、たいてい欲望に翻弄《ほんろう》されて、やられることが多いでしょう。人間がつけ込まれる欲望というのは、ある程度、限られてはいます。例えば、「金儲けをしたい」という金銭欲、「有名になりたい」という名誉欲《めいよよく》、「権力を持ちたい」という権力欲など、いろいろなものがありますけれども、そういうものがないかどうかを、いつもチェックしながら行うことが大事なのではないかと思います。

最近、こうした嘘に関係することについて、幸福の科学は、マスコミや嘘を言っている本人に対して反論しなければならないことがあって、ある意味では非常に悲しい、つらいことをしています。

ただ、霊言というものを行うようになって、三十九年間たちましたが、別に、信者になることを強制などしたことはありません。「これを正しいと信じ、ついてこられる人はついてきてください」ということで活動して、どんどん広がり、組織ができて大きくなってきているわけです。

さらに、宗教として出てきた真理をできるだけ学問化するように、今、努力しているところです。HSUでは、こうしたものを学問化して学べるようなかたちにしようとしています。

これを審議《しんぎ》するほうにとっては「まだ学問ではない」というような言い方もあるだろうかとは思いますけれども、数と量がそうとう出ていますので、これを整理して学べるようなかたちに体系化していくことも重要なのではないかと、私は思います。そういう意味で、学問化できる内容を持っていると考えているのです。

嘘《うそ》を〝盛る〟週刊誌等には、来世《らいせ》、厳しい判定が待っている

とにかく、原点に戻り、「八正道《はっしょうどう》」を行う必要があるでしょう。特に、「正しく思ったかどうか。思いが正しいかどうか（正思《しょうし》）」ということまで考えるようになると、宗教家としてのプロフェッショナルの世界に入ってきます。そこに踏《ふ》み込むのはそう簡単ではありませんが、「自分の語ったことは正しいかどうか（正語《しょうご》）」ということであれば、ある程度は客観性が出てきますし、「犯罪

行為《こうい》や、それに近い行為をしているかどうか（正業《しょうごう》）」といった行動のチェックであれば、わりあい分かるのではないでしょうか。

マスコミのなかでも週刊誌レベルであれば、もしかすると、嘘《うそ》だと知っていても、「書いたら書き得」のように思っている人が経験的にも増えてきているのかと思います。何年もそういうことをしていると麻痺《まひ》してきて、「ここは嘘だけれども、もうちょっと〝盛って〟おこうか」というような感じで大きく書いたりするものもあったり、少しでも伝え聞くものがあったら、それをネタにして自分で創作して書いたりすることもあるのかもしれません。

ただ、そういうことは、必ず来世《らいせ》において判定されますし、今世《こんぜ》でもおそらくは、その人の生き方、人生は、周りの人からもけっこう糾弾《きゅうだん》されるはずです。

7 「結論」を間違《まちが》うと来世《らいせ》で苦労する

「結論」が間違っている学問をつくれば、学者でも地獄《じごく》へ行く

また、学者であっても同じです。

学者というのは、一般《いっぱん》的には、めったに罪を犯《おか》したりするものではないでしょうし、ジェントルマンと思われているのではないでしょうか。

しかし、私も、この仕事に入って研究するなかで、学者等であっても結論が間違《まちが》っている学問をつくってしまった場合、影響力《えいきょうりょく》が大きいと、結果として地《じ》

獄《ごく》に堕《お》ちているということを知ったときは、やはり、ある程度のショックは受けました。

例えば、東大で仏教学や宗教学を教えているような教授であれば、一般的には「偉《えら》い人」と思われているでしょうし、本人も好んで嘘《うそ》をつくわけでもないでしょうし、それで儲《もう》けてやろうと思っているわけでもないとは思います。

ところが、社会的には「偉い人」だと一般には考えられているような人のなかにも、「無間地獄《むけんじごく》」というところに堕ちている人がいることを知り、実際に、宗教家としてのショックは大きかったのです。

こちらも、学問的な勉強をしようと思っていろいろ読んでいるのに、そうした人の本を読んでいて、地獄の底から出てくるようなことがあると、ややショックと言えばショックでした。

●無間地獄　間違った思想で多くの人を惑わせ、狂わせた思想家や宗教家、政治家、経営者などが行く、最下層の地獄。他の霊に悪影響を及ぼさないように隔離された、孤独な監獄のような世界。

「懐疑《かいぎ》の心」で宗教学を勉強したために地獄に堕《お》ちた岸本英夫《きしもとひでお》氏

例えば、東大の宗教学であれば、岸本英夫《きしもとひでお》という人がいます。ハーバード大学の宗教学も勉強した博士であり、東大の図書館長も務めた方ですが、ガンに罹《かか》って亡《な》くなりました。

この方の晩年の悟《さと》りは、結局、「一日一日を一生懸命《いっしょうけんめい》に生きればよいのだ」というようなことだったそうですが、それ自体は悪いことではありません。

しかし、宗教学をたくさん勉強してはいたものの、「懐疑《かいぎ》」の心、要するに、ただ分類学的にものを見てい

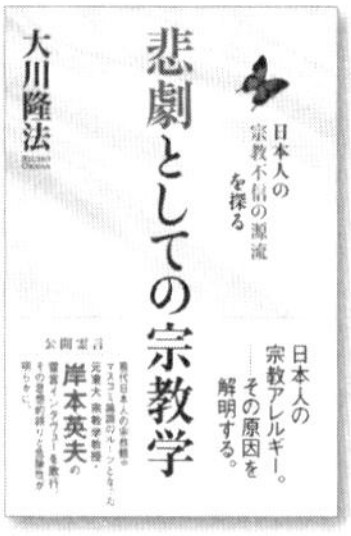

「岸本英夫の霊言」を収録した『悲劇としての宗教学』（幸福の科学出版刊）。

て、まったく信じず、「疑うこと」のほうを「科学」だと思っていたのでしょう。そのため、残念ながら地獄に行っていたので、ショックでした。これが宗教学における〝親分格〟の方なのです。

仏陀《ぶっだ》の言葉を信じていなかった仏教学の泰斗《たいと》・宇井伯寿《ういはくじゅ》氏のその後

ほかにも、仏教学であれば中村元《なかむらはじめ》博士がいます。すでに亡くなりましたけれども、生前は、日曜日の朝にNHKで講義をしていました。

また、その恩師の宇井伯寿《ういはくじゅ》という人がいます。この方は仏教学の泰斗《たいと》で、全集も出しています。

私は、この人の全集を古本屋で見つけて買ったのですが、最初は紙魚《しみ》がたくさんいて体がかゆいので「これはいかん」と思い、どのようにしてこの紙魚抜《ぬ》きをするかで苦心していたのですけれども、どうも、それだけではないらしいと感じ、「もしかして、この先生は堕《お》ちているのではないか」と思ったら、実際にそうだったのです。

膨大《ぼうだい》な著作を書いてはいても、結局、内容的には信じていなかったわけです。要するに、仏陀《ぶっだ》の言葉をすべて哲学《てつがく》的なものとして捉《とら》えるか、論理学的に捉えるか、あるいは、天国・地獄、その他の話はすべて、いわゆる子供騙《だま》しの比喩《ひゆ》として捉えていて、要するに信じていないのです。それがすべてこの方の学問に通底しているので、そういうところへ行くのかと思いました。

犯罪の世界ばかりを書き続け、地獄に通じてしまった松本清張《まつもとせいちょう》氏

これは、松本清張《まつもとせいちょう》氏の全集を読んだときも同じでした。

私は、「悪の研究も要《い》るかな。宗教をやるのであれば、悪の研究も必要であり、人がどういうことで悪を犯し、どうなるのか。その動機や結果なども勉強したほうがよい。松本清張氏の本でも読んで、悪の類型を少しは勉強したほうがよいかな」と思い、いったん避《さ》けていたものを、もう一回戻《もど》して読んでいたこともありました。

ところが、松本清張氏が書いた自分の伝記のようなものの真ん中のあたりを読んでいるときに、ご本人の霊《れい》がヌボーッと出てきたのです。やはり、地獄に

堕ちていました。

その松本清張氏の霊とも話をしましたが、本人は、ある意味では「立志《りっし》伝中《でんちゅう》の人」なのです。家が貧しく、小学校ぐらいしか出ておらず、〝活字拾い〟をしていたような人が、たいへん勉強してベストセラー作家になり、口述筆記をして数多くの本を出版し、この世的には「頑張《がんば》った」と思われています。

それが、犯罪のことばかりに関心を持ち、その世界ばかりを書いていたら、死後、そういう世界へ行ってしまったことを知り、私も、多少ショックは受けました。これは、何度読もうとしても、やはり出てくるので、間違いなくそうだと思います。

それでも、この人の作品をテレビドラマでやれば確実に成功するのです。映

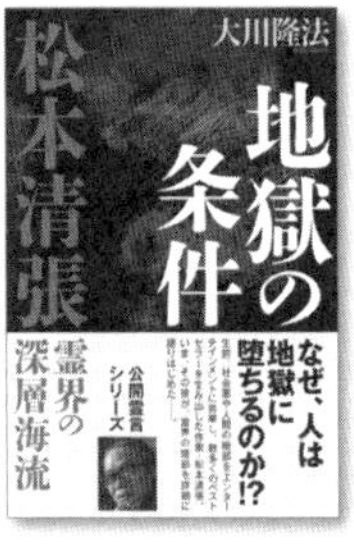

『地獄の条件―松本清張・霊界の深層海流』（幸福の科学出版刊）

画でやっても成功します。面白《おもしろ》いことは面白いのです。そういうエンターテインメントとしては面白いのですが、地獄に通じているものなので、あまり染まりすぎると危ないということです。

世界的業績をあげたが、霊的《れいてき》な部分を軽視し地獄に堕ちた中村元《なかむらはじめ》氏

先ほど述べた宇井伯寿氏の弟子《でし》が●中村元《なかむらはじめ》氏です。「世界的大学者」といわれているような方で、仏典《ぶってん》の翻訳《ほんやく》等をたくさんしたのですが、それも、日本語への翻訳がうますぎて、「あまりの名訳のために、もはや名訳であるということすら分からない」などと言われているぐらいです。

●中村元氏……『仏教学から観た「幸福の科学」分析』（幸福の科学出版刊）第１章に「東大名誉教授・中村元の霊言」を収録。

この方は普通《ふつう》の会話のように仏典の言葉を訳しているので、サラサラと読めるのです。「〇〇さん、××についてはどうですか」「はい、△△さん、××についてはこうですよ」という感じで、普通の会話のようになっていて、〝ツルツルと〟読めます。昔、お経《きょう》を漢文訳していたときの、その格調の高い、威厳《いげん》のあるような言葉をすべて抜き去り、神秘的な要素をすべて抜き去り、仏陀を普通の人のように捉え、「神との対話」や「悪魔《あくま》との対話」もすべて普通の会話のように訳しているのですが、それを「名訳だ」と言う人もいるようです。

確かに〝ツルツルと〟訳せてはいるのですが、私は「ちょっとどうかな」と は思っていました。

彼は八十六歳《さい》ぐらいで亡くなっています。ただ、「世界的偉業《いぎょう》をあげた」と言われている方ですので、私も、まさか地獄へ行くとは思っていませんでした。

以前、私はインドの仏跡《ぶっせき》を回ったことがありますけれども、そのときの現地のガイドは、昔、長い間、中村元氏と一緒《いっしょ》に遺跡の発掘《はっくつ》をしていた人でした。

宇井伯寿氏も中村元氏も、どちらかといえば考古学的な考え方で、仏典も、〝土を掘《ほ》っていちばん古い地層から出てくるもの〟が正しいという感じでけっこうやっていたのですが、やはり霊的な部分を軽視するような傾向《けいこう》はあったのです。

中村元氏のほうは、かろうじて、少しは霊的なものを信じているようなことを書いている部分もあることはあるのですが、大部分はそういうことに関係なく、〝この世的な感じ〟で書いてあります。

この方は、東大を退官したあと、神田《かんだ》あたりで東方《とうほう》学院をやっていたと思います。そこで数人ぐらいの人を集めて、ボソボソと話している感じの講義をしていたようですが、仏陀の人物像として、仏陀もきっとこのようであったに違いないというように言っていました。戦後流行《はや》った「人間・仏陀」の考え方も出てきたのでしょう。

中村元氏のまだ現役《げんえき》時代、九〇年代ぐらいだったと思いますが、「大きな会場で大声を張り上げて説法《せっぽう》している人がいるが、そういう人が仏陀のはずがない。仏陀というのは、自分のように少人数でボソボソとやっているような人だろう」と言うので、当会を意識しているということは分かりました。

宗教学科や仏教学科のようなところは少人数なのです。お寺の息子《むすこ》ぐらいしか来ないために本当に少人数でやっているので、それに自分をなぞらえて言っていたのでしょう。

少し残念ですけれども、天上界《てんじょうかい》にスッと還《かえ》れてはいません。

こういうことが、いろいろなところで出てくるので、残念です。

「坐禅《ざぜん》の格好をすれば仏さんになれる」と説いて

地獄に行った澤木興道《さわきこうどう》氏

あるいは、坐禅《ざぜん》を教えている禅宗で有名な人として、澤木興道《さわきこうどう》という人がいるのですが、この方も地獄に堕ちていたので、気の毒でちょっと泣けてきます。

秘書に、神田の古本屋で、その人が語ったことを全集にしたものを探し集めてもらって読んでいたのです。すると、「えっ！　まさか」と思ったら、やはり、その人も迷っていたわけです。

「なぜ、迷ったのか」と見てみたら、要約すれば、「泥棒《どろぼう》のまねをしたら泥棒

●澤木興道という人が……　『禅について考える』『悲劇としての宗教学』（共に幸福の科学出版刊）参照。

になる。仏さんのまねをしたら仏さんになる。真理とは単純で、そういうものだ。だから、泥棒のまね、要するに金品を盗《ぬす》んだら泥棒、そのまねをしても泥棒にはなる。仏さんのまねをすれば仏さんになる。坐禅は仏さんがしていたポーズだから、仏さんのまねをして坐禅のポーズをすれば仏さんになれる」ということでした。そういう教えですが、それ以外に教えはないわけです。

確かに、そのように使われる余地は、すでに道元《どうげん》禅のあたりからあります。道元もそれに近いことを言っている部分もあるし、道元が習った中国のほうの禅宗でもそういう教えは出てきているのですが、ただ、それ以外の教えの部分も、あることはあるのです。道元も数多くの教えを説いており、「かたち」が大事だというようなことを言ってはいますし、それは中国に倣《なら》っているものではあるけれども、他の教えの部分もないわけではありません。

ただ、「とにかく坐禅の格好をすれば仏さんになれるのだ」というような教えを説いていた、この澤木興道という人は見事に地獄に堕ちていて、「なぜ自分が堕ちたかが分からない」と言うのですが、これは、多少なりとも仏法真理《ぶっぽうしんり》の勉強をした人であればお分かりだと思います。要するに、私が「人間の生き方」や「心のあり方」に重きを置いて説いているのは、それを無視しての悟りというのはありえないのだということです。この一点なのです。

確かに、インドではヨガ等において、岩の上に坐《すわ》ったり、洞窟《どうくつ》のなかに坐ったりしていますし、釈尊《しゃくそん》やその弟子たちも瞑想《めいそう》的な坐禅をしていたのは事実です。しかし、釈迦《しゃか》教団で行われていたのは、反省的な瞑想のように、自分の一日を振《ふ》り返ったりすることでしたし、瞑想のなかで霊界《れいかい》や霊的なものを体験することでもありました。

それは、お経をきちんと読めば分かるように、ある箇所《かしょ》には、釈尊が肉体から抜け出して、亡くなった摩耶夫人《まやぶにん》と忉利天《とうりてん》で会ったというような話も書いてあるなど、霊的な話もところどころに散見《さんけん》されます。この世的に説明しているときもありますけれども、そうではないものもあるわけです。

したがって、「坐禅をすれば仏さんになれる」というのが本当であれば、禅寺に行った人はみな〝仏さん〟でしょう。

もっとも、そういう言い方もなくはありません。例えば、殺人事件のドラマを観《み》ていると、「河原《かわら》で揚《あ》がったホトケさんは……」などというシーンが出てくることもありますが、あのような〝死体になったらホトケさん〟という意味では、「誰《だれ》でも〝仏さん〟になれる」ということにはなるのでしょうけれども、やはり、本来の趣旨《しゅし》とはかなり違うものがあります。

この澤木興道という人は、今でも偉い人だと思われているかもしれません。「無一物《むいちもつ》の人生」で、名を持たずに、財産も持たずに、坐禅だけを広めたような人なのですけれども、「ああ、澤木興道は無間地獄なのか」という感じではあります。ただ、無間地獄に行って出てこられないというのは、そのとおりでしょう。

それにしても、あの世へ行って脚《あし》もないのに坐禅を組んでいられるのでしょうか。よくは知りませんが、もはや撤回《てっかい》しようがないでしょう。結局、釈尊の行動の〝外側〟については部分的にまねたとしても、心の〝中身〟については無視しているわけです。

「禅宗《ぜんしゅう》の始まり」において、すでにそうとうのすり替《か》えがある

その間違いを言うならば、有名な達磨大師《だるまだいし》などにも、そういったところはあるかもしれません。

例えば、心についての問答をしているときの話が『無門関《むもんかん》』に載《の》っています。弟子が「心が苦しゅうてかないません」と問うたところ、達磨は「では、その心を取り出してみよ」と言いました。弟子が「取り出すことができません」と答えたら、達磨は「おまえの心は治し終わったぞ」と言ったという話です。

このあたりはほとんどディベートの世界です。現代的には〝ああ言えばこう言う〟のような感じでしょうか。「心が苦しくてなりません」「その心を取り出

してみせろ」「取り出せません」「取り出せないなら、ないのだ。だから、おまえの心は治し終わったぞ」ということで終わっています。

そのように、「禅宗《ぜんしゅう》の始まり」において、すでに、そうとうのすり替《か》えがあることはあるので、けっこう際《きわ》どい危険な部分があるところを間違えると、ストーンと行ってしまうわけです。

宗教の教えでも、ちょっとしたすれ違いで、地獄に行くところはあるのです。

8 「悪を押《お》しとどめ、善を推《お》し進める」のが釈尊《しゃくそん》の教え

親鸞《しんらん》の「悪人こそ救われる」という教えを間違《まちが》って解釈《かいしゃく》した善鸞《ぜんらん》

親鸞《しんらん》と息子《むすこ》の善鸞《ぜんらん》との対立にも同じようなところがあります。

親鸞は、「悪人正機説《あくにんしょうきせつ》」を唱えて、「悪人ほど救われる」と説きましたが、今で言えば、「救急病院に行ったら、医者は病状を診《み》て、まず重症《じゅうしょう》で死にかけの者から取りかかり、軽症の者は後回しにする」というようなことでしょう。

そのように、「仏様、阿弥陀《あみだ》様も、お救いになるときには、本当の悪人ほど

一生懸命《いっしょうけんめい》に熱心に救われる。要するに、自力で悟《さと》れる人は軽症の人である。本を読んだり、自分で修行《しゅぎょう》したりして、悪から脱《だっ》することができる人は、いわゆる軽症の人であり、自力の門で構わない。しかし、本当の悪人で苦しんでいる人には、阿弥陀様が来て救ってくださるのだ」というようなことを、悪人正機説のなかで説いているわけです。

ところが、関東に派遣《はけん》された長男の善鸞は、もう少し簡単にしたほうが流行《はや》ると考えて、「悪いことをすればするほど、救われる」というようなことを関東一円で広めたわけです。

親鸞は、これを在家《ざいけ》の人たちから伝え聞き、「間違《まちが》っている」と言っています。「悪いことをすればするほど救われるから、もっと悪いことをしなさい」と言うのは、悪を勧《すす》めているようなものだからです。

しかし、善鸞は、親鸞が「悪人ほど救われる」と言っているので、それをもう一歩進めて、「もっと悪いことをしたほうがいいですよ。そうすれば、救いが早くなる」というようなことを言ったわけです。

これは、宗教ならずとも問題があります。

これであれば、（映画の）バットマンよりジョーカーのほうが天国に行くのが早くなります。どう考えてもそうでしょう。バットマンはピストルを使わず、素手《すで》と手裏剣《しゅりけん》（バットラング）とロープぐらいで戦っています。相手は拳銃《けんじゅう》を使っているのに、自分は拳銃を使わず、ほとんど素手で立ち向かっているのです。それよりも、ジョーカーのように人々をバンバン撃《う》って殺すほうが、悪はもっと先鋭《せんえい》化して進んでいます。ですから、「阿弥陀様は、ジョーカーこそ救われて、バットマンを救うのは後回しだ」と言うようなものでしょうか。

これは、何かがおかしいわけです。この世的に考えても、やはりおかしいのです。

親鸞は、「悪を犯《おか》せば犯すほど、悟りに近づいて救われる」というようなことを言っている善鸞を、手紙を書いて義絶し、そして、信者にも手紙を出し、「善鸞を破門《はもん》するので、その教えを聞くな」というようなことを言っています。

息子のほうは、頭が少し悪かったのかもしれません。親鸞の哲学《てつがく》はけっこう難解であり、〝グルグル思考〟です。結論まで行くのに、いろいろなことを何回も〝グルグル〟と言うのです。牛が四つの胃を通して消化するように、いろいろなことを反芻《はんすう》しながら言っているので、「結論だけでよい」というわけではないのです。実は、途中《とちゅう》の〝グルグル〟に意味があるわけです。

例えば、「食べ物を食べて、出すのは面倒《めんどう》ください。栄養分が入っているサプリメントだけを飲めば、生きていける」というような人もいるかもしれませんが、そういうものではなく、食べ物を食べて、それを消化したりしているうちに、人間としての活動がありえて、毎日の楽しみがあるのです。

それを省略して、「サプリメントだけを飲んでいれば、生きていける」というような単純な話もあるかもしれませんが、そういうものではないのです。実際は、親鸞がいろいろと考えた過程にも意味があったわけであり、そこに、彼が地獄《じごく》に行っていない理由があるのだろうと思います。

釈尊《しゃくそん》は、アングリマーラを折伏《しゃくぶく》し、殺人をやめさせている

息子の善鸞のほうは、父親が悪人正機説を唱え、「悪人こそ救われる」と言

っているので、「もっと悪を犯せば、もっと救われるぞ」と言ったわけです。

　しかし、仏典《ぶってん》には、「●アングリマーラが九十九人を殺し、百人目を殺そうとしたときに釈尊《しゃくそん》が現れて、アングリマーラを出家《しゅっけ》させた」という話があります。あるいは、「九百九十九人を殺し、千人目を殺そうとしたときに釈尊が現れて、出家させた」という話と、数字は二通りありますが、いずれにせよ、釈尊は、人殺しのアングリマーラに「殺人をしないように」と止めているのです。

　そして、アングリマーラを折伏《しゃくぶく》して出家させ、「罪滅《つみほろ》ぼしをせよ」ということで、修行させるわけです。

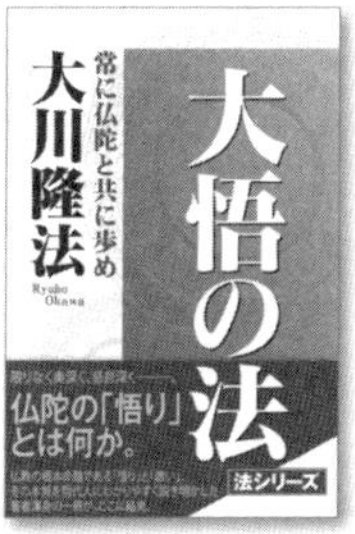

●アングリマーラが……　『大悟の法』、および、大川紫央総裁補佐による絵本『アングリマーラ　罪と許しの物語』（共に幸福の科学出版刊）参照。

ところが、町に托鉢《たくはつ》に行くと、町の人は、彼が人殺しだったことを知っているので、アングリマーラは人から石をぶつけられて血をたくさん流します。

アングリマーラが釈尊に、「行くたびに石をぶつけられます。どうすればよいのでしょうか」と訊《き》くと、釈尊は「それは、おまえが犯した業《ごう》によるものだ。人殺しをたくさんして、その家族の人たちがおまえを恨《うら》んでいるのだから、甘《あま》んじて受けよ。耐《た》えよ。それは、おまえが生きている間に罪の清算《せいさん》ができているということなのだから、耐えなさい」というようなことを言います。そして、耐えているうちに、だんだんに認められてくるのです。

ちなみに、アングリマーラと一緒《いっしょ》に托鉢に出かけると、ほかのお坊《ぼう》さんまで、ご飯《はん》を全然頂けないことがあり、「なぜ、ああいう人を出家させたのか」ということで、最初は仲間からも嫌《きら》われたようです。

このように、釈尊は、「悪を押《お》しとどめ、善を推《お》し進める」ことの大切さをきちんと説いています。

親鸞《しんらん》には、自分が悪人だという自覚や「反省の思い」が強くあった

親鸞《しんらん》は、非常に哲学的で難しいところもありますが、人生の前半では、自分は悪人だと自覚して、「自分を悪人だと責める思い」や「反省の思い」が強くありました。そのことを忘れてはいけないでしょう。

それを知らずして、「人を殺せば殺すほど、阿弥陀様が救ってくださる」というような教えは説いてはならないのです。

親鸞は、「ここに毒を消す〝よい薬〟があるからといって、自《みず》ら進んで毒薬

を飲む者がどこにいるか。『よい解毒剤《げどくざい》があるから、毒をいくら飲んでも大丈《だいじょう》夫《ぶ》ですよ』と言われて、自ら進んで毒を飲んでいたら、それは助からなくなるだろう。解毒剤があるからといって、毒を勧めるバカがいるか」というようなことを書いて、きちんと叱《しか》っているのです。

レトリックとしては本当に微妙《びみょう》なところがあります。「仏さんのまねをしたら、仏さんになれる」ではありませんが、悪人正機説も微妙なのです。

「悪人ほど救われる」といいますが、確かに、医者には、重症の患者《かんじゃ》を早く救おうとするところはあります。ただ、その悪人というのは、単に体が重症というだけではなく、自分のことを悪人だと思い、深く心を見つめている人のことなのです。「自分自身の行いと生き方を深く振《ふ》り返り、『こんな悪人は地獄行きだな』と思っているような人のそばにこそ、阿弥陀様は来てくださって、救いの糸を垂れようとされる」ということを言っているわけです。

したがって、「毒は飲めば飲むほどよい。人は殺せば殺すほどよい。悪は犯せば犯すほどよい」、あるいは、今で言えば、「劇で人殺しをたくさん描《えが》けば面《おも》白《しろ》い。映画で大量殺人を描けば面白い」などというのは、真理への本道ではないでしょう。そのほうが、劇や映画の収入はあがるかもしれませんが。

このあたりのところは紙一重《かみひとえ》です。エンターテインメント性で言えば、「ハッピーエンドの話は面白くない」という言い方もあるかもしれませんが、「ただお金が儲《もう》かればよい」という基準だけで考えてはいけないものがあるのです。

最近の映画では、「心霊喫茶《しんれいきっさ》『エクストラ』の秘密―The《ザ》 Real《リアル》 Exorcist《エクソシスト》―」（製作総指揮・原作 大川隆法、二〇二〇年五月公開予定）が、モナコ国際映画祭で、最高賞に当たる最優秀《さいゆうしゅう》作品賞（エンジェル・トロフィー賞）を受賞しました。この映画祭の審査《しんさ》基準のなかには、「あまりエログロがきつくないこと」や「利他《りた》の思いが入っていること」などが入っています。映画祭の基準に利他心が入っているのは珍《めずら》しいと思います。ハリウッド映画には、殺人や犯罪を美化するようなものもないとは言えないので、そういうところに対抗《たいこう》しているのでしょう。

このあたりはよく考えないと、将来、間違いを犯す道だろうと思います。そういう話も数多くあるからです。

9　人の心や神仏の心を弄《もてあそ》ぶことは絶対に許されない

この世での成功だけがすべてではありません。「この世で、いかに誠実に生きるか」ということが重要なのです。

今回は、「嘘《うそ》をつくなかれ。」ということを中心にして話をしました。嘘をつかなければいけないようであれば、宗教などやらないほうがよいと思います。

「宗教家は嘘をついて、あの世をでっち上げ、目に見えないものを操作して、お金を人からもらうだけで仕事をしている」と思うならば、そう思う人のほうに問題はあると思いますが、もし、そういうことを実際にしている人がいるとするならば、その人にも問題はあります。新宗教のなかには、そういうものが幾《いく》つか犯罪として摘発《てきはつ》されていますが、絶対にあってはならないことであると思います。

「人の心や神仏の心を弄《もてあそ》ぶようなことは、絶対に許されない」ということを知っておいてほしいし、「その代償《だいしょう》というか、因果応報《いんがおうほう》の理《り》は決してねじ曲げられることはないのだ」ということも知っておいてほしいと思います。

できるだけ誠実に、できるだけ間違《まちが》いのないことを、できるだけ利他《りた》の心でもって、伝えていくような教団でありたいと思います。

話は以上です。

あとがき

「法治国家」の上に「神」がいない。「民主主義」の上にも「神」がいない。「教育」の上に「道徳」もなければ、「君子《くんし》」もいない。

目に見えないのは、ウィルスだけではない。

神仏の心、愛、正義、天使も悪魔も普通の人たちには見えはしない。

同じく目には見えなくとも、自分に害を与えるものは「実在」し、自分を高めてくれる高貴《こうき》なるものは信じないのが、現代文明の潮流《ちょうりゅう》であり、すぐそこに、「ブラックホール」が待ち構えている。

あやまてる繁栄に見切りをつけ、神の子、仏の子としての人間性を取り戻せ。

諸行《しょぎょう》は無常《むじょう》である。この世的執着《しゅうちゃく》を断《た》って、真実の自分、永遠の生命《いのち》に目覚めよ。

本書が刊行される四月八日は、釈尊《しゃくそん》の生誕日でもある。あなたの知的正直さが霊的直観《ちょっかん》を招《まね》くだろう。

二〇二〇年　四月七日

幸福《こうふく》の科学《かがく》グループ創始者兼総裁《そうししゃけんそうさい》　大川隆法《おおかわりゅうほう》

『嘘をつくなかれ。』関連書籍

『太陽の法』（大川隆法 著　幸福の科学出版刊）
『大悟の法』（同右）
『禅について考える』（同右）
『中国発・新型コロナウィルス感染 霊査』（同右）
『守護霊霊言　習近平の弁明』（同右）
『悲劇としての宗教学』（同右）
『地獄の条件――松本清張・霊界の深層海流』（同右）
『仏教学から観た「幸福の科学」分析――東大名誉教授・中村元と
仏教学者・渡辺照宏のパースペクティブ（視角）から――』（同右）
『アングリマーラ　罪と許しの物語』（大川紫央 著　同右）

嘘《うそ》をつくなかれ。

2020年４月８日　初版第１刷

著　者　　大《おお》川《かわ》隆《りゅう》法《ほう》

発行所　　幸福の科学出版株式会社

〒107-0052 東京都港区赤坂２丁目10番８号
TEL(03)5573-7700
https://www.irhpress.co.jp/

印刷・製本　株式会社 研文社

落丁・乱丁本はおとりかえいたします

ISBN978-4-8233-0167-4 C0014

大川隆法ベストセラーズ・知的正直さ・努力論を学ぶ

悟りの原理

救世の獅子吼

法の要《かなめ》が説かれた「救世の原理3部作」第2弾。第三部「知の原理」では、向上のために必要な「学びの基本姿勢」が説かれている。

1,000円

真のエリートを目指して

努力に勝《まさ》る天才なし

幸福の科学学園で説かれた法話を収録。「勉強する者にとって大切な態度」「勉強と運動を両立させる秘訣」など、未来を拓く心構えや勉強法が満載。

1,400円

渡部昇一流・潜在意識成功法

「どうしたら英語ができるようになるのか」とともに

英語学の大家にして希代の評論家・渡部昇一氏の守護霊が語った「人生成功」と「英語上達」のポイント。「知的自己実現」の真髄がここにある。

1,600円

サミュエル・スマイルズ「現代的自助論」のヒント

補助金のバラマキや働き方改革、中国依存の経済は、国家の衰退を招く──。今こそ「自助努力の精神」が必要なときである。世界の没落を防ぐ力がここに。

1,400円

宗教者のあるべき姿

1,400円

娘が語る
大川隆法の自助努力の姿

◆読書をしている父の姿
◆一日の生活スタイル
◆教育方針
◆大川家の家訓
◆世界のために命を懸ける
「不惜身命」の姿
◆大病からの復活
◆「霊言」の真実

娘から見た大川隆法
大川咲也加 著

幼いころの思い出、家族思いの父としての顔など、実の娘が28年間のエピソードと共に綴る、大川総裁の素顔。

自助努力の精神を受け継ぐ幸福の科学の後継者

幸福の科学の後継者像について
大川隆法・大川咲也加 共著

霊能力と仕事能力、人材の見極め方、公私の考え方、家族と信仰――。全世界に広がる教団の後継者に求められる「人格」と「能力」について語り合う。

1,500円

※表示価格は本体価格(税別)です。

最新刊

宏洋問題「甘え」と「捏造」

徹底反論座談会3

幸福の科学総合本部 編

「虐待」や「粛清」の嘘、教団を小さく見せる印象操作など、家庭環境や教団運営に関する宏洋氏の虚偽を正す。宏洋問題への徹底反論座談会・第3弾！

1,400円

宏洋問題「転落」の真相

徹底反論座談会2

幸福の科学総合本部 編

宏洋氏の度を超えた「公私混同」「無責任体質」、そして「破門の真相」について、彼をよく知る38人が証言。宏洋問題への徹底反論座談会・第2弾！

1,400円

宏洋問題の「嘘」と真実

徹底反論座談会1

幸福の科学総合本部 編

悪質な「虚偽」「妄想」「捏造」に満ちた宏洋氏の著書の内容を、総裁本人と家族、歴代秘書たちが詳細に検証。宏洋問題への徹底反論座談会・第1弾！

1,400円

「文春」の報道倫理を問う

大川隆法 著

ずさんな取材体制、倫理観なき編集方針、女性蔑視体質など、文藝春秋の悪質な実態に迫った守護霊インタビュー。その正義なきジャーナリズムを斬る！

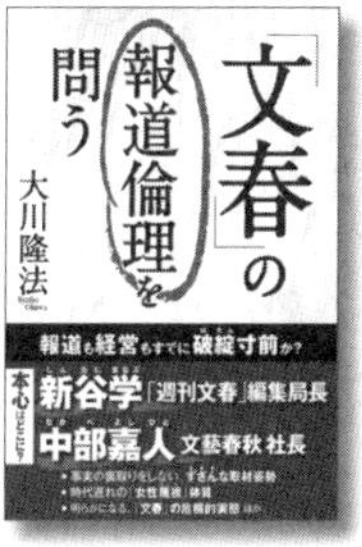

1,400円

幸福の科学グループのご案内

宗教、教育、政治、出版などの活動を通じて、地球的ユートピアの実現を目指しています。

幸福の科学

一九八六年に立宗。信仰の対象は、地球系霊団の最高大霊、主エル・カンターレ。世界百カ国以上の国々に信者を持ち、全人類救済という尊い使命のもと、信者は、「愛」と「悟り」と「ユートピア建設」の教えの実践、伝道に励んでいます。

（二〇二〇年四月現在）

愛

幸福の科学の「愛」とは、与える愛です。これは、仏教の慈悲《じひ》や布施《ふせ》の精神と同じことです。信者は、仏法真理をお伝えすることを通して、多くの方に幸福な人生を送っていただくための活動に励んでいます。

悟り

「悟り」とは、自らが仏の子であることを知るということです。教学《きょうがく》や精神統一によって心を磨き、智慧《ちえ》を得て悩みを解決すると共に、天使・菩薩《ぼさつ》の境地を目指し、より多くの人を救える力を身につけていきます。

ユートピア建設

私たち人間は、地上に理想世界を建設するという尊い使命を持って生まれてきています。社会の悪を押しとどめ、善を推し進めるために、信者はさまざまな活動に積極的に参加しています。

海外支援・災害支援

国内外の世界で貧困や災害、心の病で苦しんでいる人々に対しては、現地メンバーや支援団体と連携して、物心両面にわたり、あらゆる手段で手を差し伸べています。

自殺を減らそうキャンペーン

年間約２万人の自殺者を減らすため、全国各地で街頭キャンペーンを展開しています。

公式サイト **www.withyou-hs.net**

ヘレンの会

ヘレン・ケラーを理想として活動する、ハンディキャップを持つ方とボランティアの会です。視聴覚障害者、肢体不自由な方々に仏法真理を学んでいただくための、さまざまなサポートをしています。

公式サイト **www.helen-hs.net**

入会のご案内

幸福の科学では、大川隆法総裁が説く仏法真理《ぶっぽうしんり》をもとに、「どうすれば幸福になれるのか、また、他の人を幸福にできるのか」を学び、実践しています。

入会

仏法真理を学んでみたい方へ

大川隆法総裁の教えを信じ、学ぼうとする方なら、どなたでも入会できます。入会された方には、『入会版「正心法語《しょうしんほうご》」』が授与されます。

ネット入会 入会ご希望の方はネットからも入会できます。
happy-science.jp/joinus

三帰《さんき》誓願《せいがん》

信仰をさらに深めたい方へ

仏弟子としてさらに信仰を深めたい方は、仏《ぶっ》・法《ぼう》・僧《そう》の三宝《さんぼう》への帰依を誓う「三帰誓願式」を受けることができます。三帰誓願者には、『仏説・正心法語』『祈願文《きがんもん》①』『祈願文②』『エル・カンターレへの祈り』が授与されます。

幸福の科学 サービスセンター
TEL 03-5793-1727
受付時間／火～金：10～20時 土・日祝：10～18時（月曜を除く）

幸福の科学 公式サイト
happy-science.jp

ハッピー・サイエンス・ユニバーシティ

Happy Science University

ハッピー・サイエンス・ユニバーシティとは

ハッピー・サイエンス・ユニバーシティ（HSU）は、大川隆法総裁が設立された「現代の松下村塾」であり、「日本発の本格私学」です。建学の精神として「幸福の探究と新文明の創造」を掲げ、チャレンジ精神にあふれ、新時代を切り拓く人材の輩出を目指します。

人間幸福学部　経営成功学部　未来産業学部

HSU長生キャンパス TEL **0475-32-7770**
〒299-4325　千葉県長生郡長生村一松丙 4427-1

未来創造学部

HSU未来創造・東京キャンパス
TEL **03-3699-7707**
〒136-0076　東京都江東区南砂2-6-5　公式サイト **happy-science.university**

学校法人 幸福の科学学園

学校法人 幸福の科学学園は、幸福の科学の教育理念のもとにつくられた教育機関です。人間にとって最も大切な宗教教育の導入を通じて精神性を高めながら、ユートピア建設に貢献する人材輩出を目指しています。

幸福の科学学園

中学校・高等学校（那須本校）
2010年4月開校・栃木県那須郡（男女共学・全寮制）
TEL **0287-75-7777** 公式サイト **happy-science.ac.jp**

関西中学校・高等学校（関西校）
2013年4月開校・滋賀県大津市（男女共学・寮及び通学）
TEL **077-573-7774** 公式サイト **kansai.happy-science.ac.jp**

仏法真理塾「サクセスNo.1」

全国に本校・拠点・支部校を展開する、幸福の科学による信仰教育の機関です。小学生・中学生・高校生を対象に、信仰教育・徳育にウエイトを置きつつ、将来、社会人として活躍するための学力養成にも力を注いでいます。

TEL 03-5750-0751（東京本校）

エンゼルプランV TEL 03-5750-0757

幼少時からの心の教育を大切にして、信仰をベースにした幼児教育を行っています。

不登校児支援スクール「ネバー・マインド」 TEL 03-5750-1741

心の面からのアプローチを重視して、不登校の子供たちを支援しています。

ユー・アー・エンゼル！（あなたは天使！）運動

一般社団法人 ユー・アー・エンゼル TEL 03-6426-7797

障害児の不安や悩みに取り組み、ご両親を励まし、勇気づける、
障害児支援のボランティア運動を展開しています。

NPO活動支援

いじめから子供を守ろうネットワーク

学校からのいじめ追放を目指し、さまざまな社会提言をしています。また、各地でのシンポジウムや学校への啓発ポスター掲示等に取り組む一般財団法人「いじめから子供を守ろうネットワーク」を支援しています。

公式サイト mamoro.org ブログ blog.mamoro.org

相談窓口 TEL.03-5544-8989

百歳まで生きる会

「百歳まで生きる会」は、生涯現役人生を掲げ、友達づくり、生きがいづくりをめざしている幸福の科学のシニア信者の集まりです。

シニア・プラン21

生涯反省で人生を再生・新生し、希望に満ちた生涯現役人生を生きる仏法真理道場です。定期的に開催される研修には、年齢を問わず、多くの方が参加しています。全世界212カ所（国内197カ所、海外15カ所）で開校中。

【東京校】TEL 03-6384-0778 FAX 03-6384-0779
メール senior-plan@kofuku-no-kagaku.or.jp

幸福実現党

幸福実現党 釈量子サイト shaku-ryoko.net
Twitter 釈量子@shakuryokoで検索

内憂外患《ないゆうがいかん》の国難に立ち向かうべく、2009年5月に幸福実現党を立党しました。創立者である大川隆法党総裁の精神的指導のもと、宗教だけでは解決できない問題に取り組み、幸福を具体化するための力になっています。

党の機関紙
「幸福実現NEWS」

幸福実現党　党員募集中

あなたも幸福を実現する政治に参画しませんか。

○幸福実現党の理念と綱領、政策に賛同する18歳以上の方なら、どなたでも参加いただけます。
○党費:正党員（年額5千円［学生 年額2千円］)、特別党員（年額10万円以上)、家族党員（年額2千円)
○党員資格は党費を入金された日から1年間です。
○正党員、特別党員の皆様には機関紙「幸福実現NEWS（党員版)」（不定期発行）が送付されます。

＊申込書は、下記、幸福実現党公式サイトでダウンロードできます。
住所:〒107-0052　東京都港区赤坂2-10-8 6階 幸福実現党本部
TEL 03-6441-0754　FAX 03-6441-0764
公式サイト hr-party.jp

大川隆法　講演会のご案内

大川隆法総裁の講演会が全国各地で開催されています。講演のなかでは、毎回、「世界教師」としての立場から、幸福な人生を生きるための心の教えをはじめ、世界各地で起きている宗教対立、紛争、国際政治や経済といった時事問題に対する指針など、日本と世界がさらなる繁栄の未来を実現するための道筋が示されています。

2019年12月17日 さいたまスーパーアリーナ「新しき繁栄の時代へ」

2019年10月6日 ザ ウェスティン ハーバー キャッスル トロント(カナダ)「The Reason We Are Here」

2019年7月5日 福岡国際センター「人生に自信を持て」

2019年3月3日 グランド ハイアット 台北(台湾)「愛は憎しみを超えて」

2019年7月13日 ホテル イースト21 東京「幸福への論点」

講演会には、どなたでもご参加いただけます。
最新の講演会の開催情報はこちらへ。 ⟹ 大川隆法総裁公式サイト https://ryuho-okawa.org